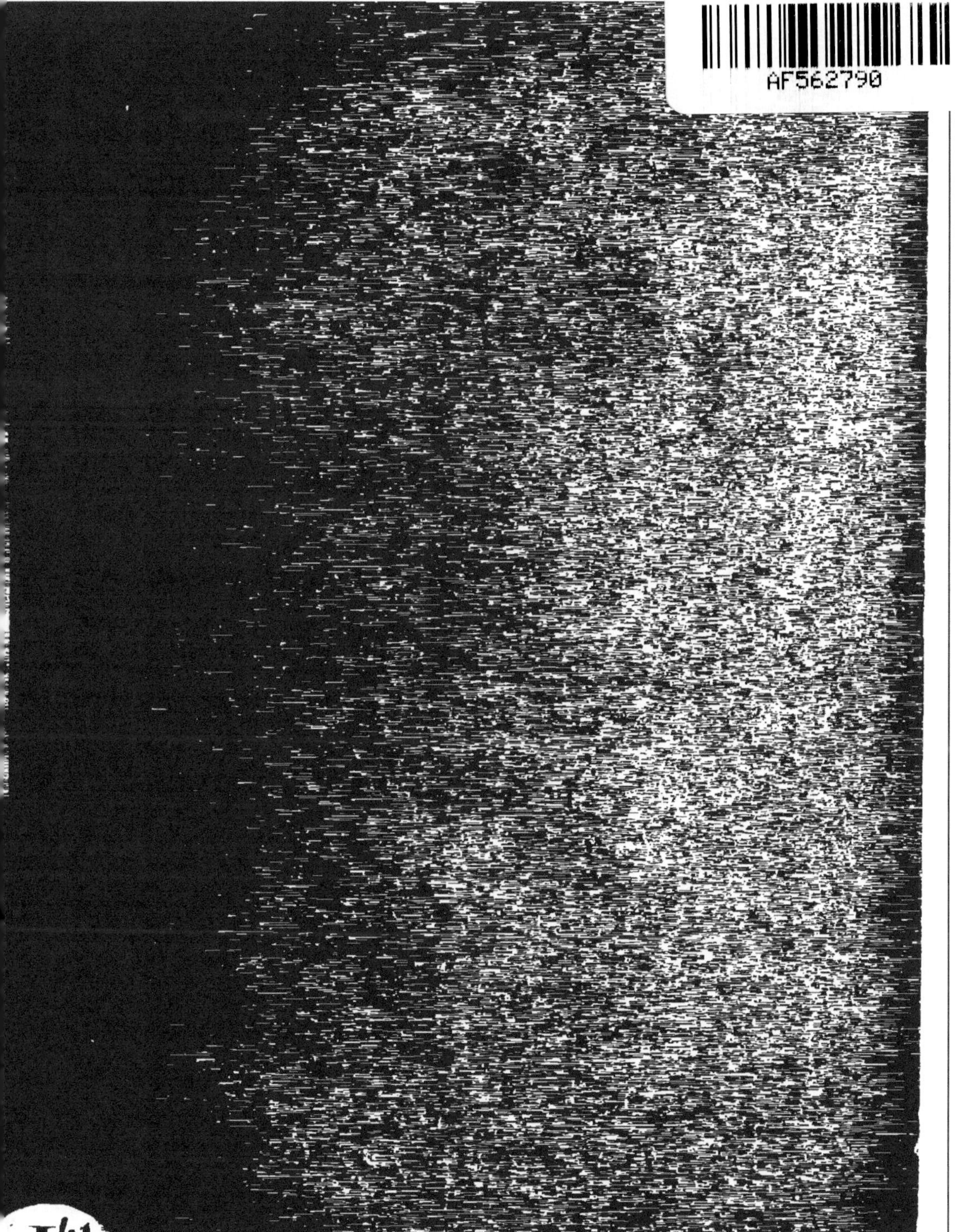

UN ÉPISODE

DU SIÉGE DE LYON.

Auxonne, imp. de X.-T. SAUNIÉ.

UN ÉPISODE

DU

SIÉGE DE LYON.

(Appendice à la Galerie Auxonnaise.)

TRAIT DE BRAVOURE

D'UN AUXONNAIS.

AUXONNE,

X.-T. SAUNIÉ, IMPRIMEUR-LIBRAIRE-ÉDITEUR.

1840.

UN ÉPISODE

DU

SIÉGE DE LYON.

« Au dernier assaut que livra Galas, général des » troupes de l'Empire, à la ville de Saint Jean-de-Losne, » en 1636, arrivèrent douze Auxonnais avec des lettres » de M. de Miraumont, leur gouverneur, pour annoncer » le secours de Rantzau, parti de Dijon par ordre de M. le » Prince ; ils se mêlèrent hardiment sur la brèche avec » les assiégés, où, en zélés voisins, ils partagèrent pendant » une heure le péril des habitants.

» Il est fâcheux que la tradition ne nous ait pas con- » servé les noms de ces braves amis des Losnois; on n'en » connaît que quatre : les sieurs Rigolier, Gotheret, » Morisot et Chisseret. » Leur action est trop belle pour ne pas en perpétuer le souvenir.

En confirmation de ce qui est dit ci-dessus, dans les Études Provinciales des deux Bourgognes, il est rapporté par M. Ladey : qu'au 29 novembre 1636, le maréchal-de-camp Rantzau, de Dijon, parti par ordre de M. le Prince, après avoir passé la Tille déjà débordée et en échappant aux attaques des Croates, parvint jusqu'à Auxonne avec deux régiments d'infanterie et 800 hommes de cavalerie. Il voulait, ledit jour, hâter du même pas sa jonction avec les Losnois, mais M. de Miraumont, gouverneur d'Auxonne, le contraignit à faire rafraîchir sa troupe et ses chevaux, et après une très-légère halte pendant laquelle M. de Miraumont envoya une dépêche à St. Jean-de-Losne pour les prévenir du secours qu'ils allaient recevoir. Douze Auxonnais suffirent pour ce message; et, se jetant dans une petite barque, ils descendirent la rivière et parvinrent à la ville de St. Jean-de-Losne, à la troisième heure de l'assaut; et, après avoir rendu les lettres aux magistrats, ils se mêlèrent aux assiégés sur la brèche et combattirent pendant toute la dernière heure de l'attaque; l'on n'a conservé que les noms de Rigolier, Gotheret, Morisot, Chisseret, Béquillet, père de l'auteur des guerres de Bourgogne, et Nicolas Boillaud, capitaine de cavalerie, l'aîné des fils de noble Jean Boillaud, antique maïeur d'Auxonne : celui-là eut la gloire d'être tué sur la brèche, d'un coup de mousquet.

D'autres écrits font mention d'un nommé Gauguelare, d'un Moreau, et d'un troisième, mais on en rapporte les exploits d'une manière différente. (Ne serait-ce pas en 1589 ?)

En voila assez pour faire connaître que dès le XVIIe siècle les Auxonnais étaient déja réputés valeureux, et l'on est peiné que leurs noms n'aient pas été conservés avec quelques détails sur leurs traits de courage. Mais si l'on nous sait gré de rapporter ces faits que l'oubli a presqu'effacés, pourrait-on trouver mauvais de narrer une action d'une bien autre importance, due au généreux dévouement d'un de nos compatriotes, qui, à la fin du XVIIIe siècle, a fait ce qu'il fallait pour éterniser son nom, si l'envie ne se plaisait à vouloir lui en dérober le mérite.

C'est au mémorable siége de Lyon, en l'année 1793. Nous le laisserons raconter lui-même ce fait dont il nous produit les titres et les preuves les plus authentiques. Il est impossible qu'on lui en conteste la validité, puisque ces pièces sont attestées et signées par tout ce qu'il y avait de gens marquants, tant dans l'administration civile que dans l'état militaire pendant ledit siége, et que cette action est consignée dans une relation du siége de Lyon, rédigée par des signataires de ces mêmes pièces, dès le mois de janvier 1794, imprimée à Neufchatel, en Suisse, par Fauche-Borel, imprimeur du roi.

L'auteur de ce trait s'exprime donc ainsi :

Ayant été inquiété injustement au mois de janvier 1793, par la commune de Savigny, district de Louhans où je me trouvais, pour la loi du recrutement dont mon âge me dispensait, je m'étais retiré à Lyon où j'avais des amis. Je ne tardai pas à être le témoin des différentes catastrophes qu'occasionna la mise en état de siége de cette malheureuse cité.

Né et élevé à Auxonne, ma patrie, au milieu d'une école d'artillerie, dans laquelle j'ai joui de l'avantage d'étudier sous les mêmes maîtres que le grand homme qui a illustré la France, je ne balançai pas à me vouer à la défense de la ville en prenant parti dans l'artillerie, dont les batteries garnissaient le quai du Rhône, depuis le pont St.-Claire jusqu'à celui de la Guillotière: je servais à ce dernier poste une pièce de huit allongée, sous le commandement du capitaine Lamarche, riche négociant en soierie. Je vis un dimanche, 1er septembre, un groupe d'artillerie légère servant une couple d'obusiers montés sur affuts, et lançant des obus sur les chantiers des Brotaux, où ils m'annoncèrent avoir l'intention de mettre le feu, d'après les ordres du général; je leur fis observer que leur tentative était vaine, à raison de ce que l'obus, faisant ricochet, ne pouvait mettre le feu là où il tombait. Ils me répondirent: « Mais comment faut-il faire? » Je leur dis: « J'y penserai »; ce qui me donna lieu de me livrer aux suggestions de mon imagination, qui chez moi a toujours été très active et fertile en expédients.

J'allai sur-le-champ trouver sur la place des Terraux, près l'Hôtel-de-Ville, M. Tixier, pharmacien, réputé très-habile chimiste, et je le priai de me faire, pour le lendemain à quatre heures du soir, une préparation de goudron, dont l'effet imitât le feu grégeois ; il me promit et me tint parole.

Le lendemain matin, je fis la demande de quelques bouts de lance à feu, que l'on me délivra sur un bon du commandant d'artillerie, dont les magasins existaient alors dans les casemates de serin où l'on fabriquait les cartouches. Au moment où j'en sortais, je fus salué par mon nom, par les deux frères Antoine et Claude Mouillon, bateliers d'Auxonne, qui venaient de décharger chez MM. Pierre et Michel Four, un bateau de blé, que leur avait expédié quelques jours auparavant M. Antoine Four, leur frère, demeurant à Auxonne. Ces deux hommes, que je reconnus pour être de mon pays, d'après ce qu'ils me dirent de l'objet de leur voyage, m'annoncèrent qu'ils voulaient encore faire séjour le lendemain ; je leur proposai de me procurer pour les huit heures du soir dudit jour, 2 septembre, un petit batelet pour me transporter nuitamment de l'autre côté du Rhône, ce qu'ils me promirent; je leur donnai rendez-vous pour ladite heure, à une petite auberge que je leur indiquai, et ils s'y rendirent.

Étant venu les y trouver, muni de mon pot de goudron et d'une mèche allumée, ils me passèrent avec lesdits objets de l'autre côté du Rhône, et me mirent à terre près d'une gare de pierres qui doit exister encore le long de cette rive, derrière laquelle ils m'attendirent, couchés dans leur barque.

Depuis ce point, je parcourus en descendant le long du fil de l'eau, et, à chaque point tant soit peu saillant des chantiers qui étaient composés de toutes sortes de bois, tant planches que bois de service, bâteaux en construction, bois de chauffage de toutes espèces, je goudronnais avec un gros pinceau, un espace assez large pour que je puisse le reconnaître en repassant. Ces points pouvaient être de 50 à 60 à peu près pour le nombre, et c'est de cette sorte que j'arrivai à une petite maison de galandage, située tout prêt du pont de la Guillotière, et contre laquelle était appuyée une pile de planches en sapin, au pied de laquelle je versai la fondrée de mon pot de goudron; et de là je rejoignis par une contre-marche le long de la rive du Rhône, mon petit batelet. J'y déposai ma marmite, et pris en échange la mèche allumée, enveloppée dans un morceau de serpillère. Je courus de là en suivant le fil de l'eau jusque vis-à-vis la petite maison susdite, et mis mon premier feu à ladite pile de planches, lequel donna d'abord une si éclatante clarté, que tout le rivage en fut éclairé, tellement qu'en parcourant à la course tout cet espace qui est d'environ vingt minutes de longueur, je voyais briller les endroits goudronnés, et n'avait qu'à y jeter un bout de lance à feu que j'allumais en cheminant, et arrivai ainsi jusque vis-à-vis mon petit batelet, dans lequel je descendis après avoir essuyé la fusillade de plusieurs sentinelles avancées, que je n'esquivai que par ma grande agilité.

Ayant été mis par mes bateliers à bord du quai St.-Clerc, j'informai sur-le-champ de mon retour M. le capitaine Lamarche, qui fit jouer toutes nos petites batteries du quai du Rhône sur les feux allumés pour en étendre et propager les flammes, ce qui en même temps rendait impossibles tous les secours que l'on aurait voulu y porter, et à la clarté desquels nos assiégés voyaient les manœuvres de l'artillerie ennemie, qui battait en retraite avec ses canons, ses caissons, ses mortiers, ses bombes et ses munitions.

Six ou huit jeunes gens de nos canonniers et autres, après que nos batteries eurent épuisé leurs munitions, passèrent le Rhône à la nage, et allèrent achever de propager le feu tout au travers desdits chantiers ; de sorte que le lendemain il n'existait plus rien qu'une pile de plateaux de chêne, situé tout près de notre grande redoute, qui faisait la tête du pont Morant.

Voilà l'exacte vérité du fait :

Ce fut seulement à onze heures précises du soir que M. le capitaine Lamarche me conduisit auprès du général de Précy, qui se tenait alors dans les caves de l'Hôtel-de-Ville pour le temps de son repos seulement. Il me témoigna sa satisfaction de mon expédition, et me dit de me trouver le lendemain, 3 septembre, à huit heures du matin, à l'assemblée du Comité des cinq membres qui dirigeaient la ville et tout le département, où m'étant rendu à l'heure indiquée, je reçus leurs félicitations ; et ils me demandèrent ce que je voulais pour récompense.

Je leur répondis que je ne l'avais point fait par des vues d'intérêt, mais par le zèle et le dévouement qui m'animaient, et pour lesquels j'étais encore prêt à me sacrifier pour le salut de la ville; et que je ne sollicitais rien que pour les deux bateliers qui m'avaient facilité les moyens d'exécuter mon projet, et lesquels j'avais fait tenir à portée pour répondre quand ils seraient appelés. En paraissant, ils confirmèrent mon récit, et reçurent pour leur peine une somme de cent écus pour les deux, ce qui les satisfit complètement. M. le général de Précy, se tournant vers moi, me dit que si je ne voulais rien accepter, au moins je ne pourrais refuser le grade de capitaine ingénieur, qu'il me conféra, et M. le Président du Comité me dit qu'il ne convenait pas que je fusse chargé de mon équipement, et m'annonça que le Comité mettait à ma disposition une somme de 1,500 francs pour l'effectuer, ce que j'acceptai, ne pouvant alors, comme je leur dis, avoir aucune communication avec ma famille qui était en Bourgogne.

Depuis ce moment, je fus chargé de faire réparer les brèches et dégradations que les feux de l'ennemi faisaient journellement à nos postes avancés. J'en prenais note le jour, et je faisais exécuter les réparations la nuit; je fis même établir plusieurs batteries et redoutes le long de nos lignes de retranchement qui entouraient notre camp des Brotaux, depuis la Tête-d'Or, tournant autour de la maison Vengeance, jusqu'à une redoute à trois étages, établie près d'une loge de franc-maçonnerie, en face la Part-Dieu, et revenant par la maison Lérac, jusqu'à notre redoute formant la tête du pont Morant, lequel camp était commandé par M. de Nervo, lieutenant de vaisseau du roi, et premier adjudant-général de M. de Précy, des attestations et signatures desquels je puis justifier, et dont je conserve les originaux qui ont servi à la vérification qu'en a fait la magistrature d'Auxonne, qui m'a vidimé les copies que j'en ai dressées, et dont les signatures sont légalisées par la préfecture de Dijon.

COPIES

VIDIMÉES DES TITRES DU SIEUR BOCQUILLON, ANCIEN CAPITAINE-INGÉNIEUR AU SERVICE DU ROI, FEUILLE A.

N° 1. Mémoire revêtu d'Attestations authentiques.

Le sieur Augustin-Pierre Fidel-Amand BOCQUILLON, originaire d'Auxonne, ancien élève des Ponts-et-Chaussées, est le même qui, en 1793, servait d'abord comme simple canonnier pour la cause du roi, au siége mémorable de Lyon, et fut fait capitaine-ingénieur, en récompense de l'action de bravoure et de dévouement qu'il fit en se faisant passer de l'autre côté du Rhône, pour incendier les chantiers, entre les Brotaux et la Guillotière, dans lesquels l'armée assiégeante avait commencé d'établir des batteries de bombes et de canons, ainsi que des tirailleurs qui incommodaient la ville, surtout le long du quai du Rhône, et servirent à l'armée assiégeante à mettre le feu cinquante-deux fois dans une nuit, à l'hôpital; à brûler l'arsenal et tout le quartier environnant. Cette opération de laquelle le sieur Bocquillon ne revint qu'après avoir couru le danger presque certain d'y perdre la vie, fit éloigner d'une demie lieu, le parc d'artillerie de l'armée assiégeante.

Il eut rendu un plus grand service en faisant sauter le pont à bâteaux, établi sur le Rhône par l'ennemi, près du château de la Pape, si Dubois-Crancé, qui commandait ce poste, n'eut été instruit de ce projet par un traître qui n'a cessé tout le temps du siége de vendre à l'ennemi toutes les délibérations de l'état-major de la ville. Cette opération de laquelle le sieur Bocquillon ne revint que par une espèce de prodige, si elle eut réussi, pouvait livrer au parti du roi, le parc d'artillerie et les magasins de l'ennemi, et assurer une retraite aux assiégés.

Le même sieur Bocquillon fit travailler avec succès aux fortifications et aux redoutes du camp des Brotaux, commandé par M. de Nervo, lieutenant de vaisseau du roi, et premier adjudant-général des armées Lyonnaises sous les ordres de M. de Précy, puis aux postes avancés du quartier de Serin et à la maison de Vouty, commandés par M. le marquis de Vichy.

Il fut fait prisonnier à la sortie qu'il fit avec le général, et fut arrêté avec la majeure partie de ses camarades, à Marcy-sur-Ance, et eut le bonheur de s'échapper du milieu des gardes au moment où l'on transférait lesdits prisonniers du château d'Ance aux prisons de Lyon, pour être fusillés le lendemain, ce qui n'a été que trop malheureusement exécuté.

Ledit sieur Bocquillon après être resté caché dans Lyon l'espace de deux mois, trouva le moyen d'émigrer et se rendit d'abord à l'armée de monseigneur le Prince de Condé, dont il eut audience et y obtint un passeport signé du général Wumrser, environ quatre jours avant que cette armée quittât les lignes de Wissembourg.

Le sieur Bocquillon est resté depuis en Suisse, tant dans la principauté de Neufchatel que dans le canton de Fribourg, jusqu'à l'époque du mois d'octobre 1814, temps auquel il est revenu en France se ranger sous l'égide tutélaire de notre bon Roi Louis XVIII.

Les certificats honorables et authentiques qu'il a des gouvernements qu'il a habités, font l'éloge de ses talents, de ses sentiments et de sa moralité, et les apostilles qu'il s'est procurées tant auprès de M. le Sous-Préfet de Beaune, neveu de M. le comte de Précy, ainsi que de la Préfecture, attestent de ses sentiments et de son dévouement au roi.

Malgré tous ces titres, il sollicite envain depuis deux mois de l'emploi dans la partie des Ponts-et-Chaussées, dont il fait son état; les réponses qu'il a reçues de cette administration ne lui laissent pas même l'espoir d'obtenir par la suite un emploi subalterne dont il se serait contenté en égard aux circonstances de réformes et d'économies qu'on oppose comme motifs de refus à sa demande, estimant qu'il est plus honorable de gagner le pain que l'on mange, que d'en frustrer ceux qui sont dénués des moyens et de la capacité de le gagner, lesquels moyens et capacité l'administration des Ponts-et-Chaussées ne conteste pas au sieur Bocquillon sur les preuves irrécusables qu'il en donne.

Dans cette extrémité, il se voit contraint d'avoir recours à la bienveillance de notre bon Roi, attendu qu'il est chargé de famille, et que lui et sa famille ayant été totalement ruinés par la révolution, il ne lui reste pas d'autres ressources pour subsister; et, pour donner d'autant plus d'authenticité aux titres sur lesquels il se fonde, il croit pouvoir solliciter en marge du présent les appostilles et attestations, tant des personnes qui ont été témoins oculaires ou auriculaires des faits qu'il cite, que du suffrage de M. le comte de Précy, qu'il prie de daigner apposer au pied du présent son attestation pour ce qui concerne les services rendus par le sieur Bocquillon pendant le siége de Lyon.

Signé BOCQUILLON, Ingénieur.

2

1re Apostille.

Je soussigné, Charles, marquis du Boutet, officier supérieur des gardes du corps du roi, certifie l'exactitude des faits ci-dessus avancés par le sieur Bocquillon, dont j'ai été personnellement témoin tant à Lyon que dans les pays étrangers, où le sieur Bocquillon a constamment joui de la considération et de l'estime que lui méritent ses principes qui jamais n'ont varié.

Signé le Marquis Du BOUTET.

2e Apostille.

Nous soussignés, nous réunissons à M. le marquis du Boutet, pour rendre témoignage à la bonne conduite, à la bravoure et au dévouement de M. Bocquillon, qui n'avance dans son mémoire que des faits exactement vrais, et dont nous avons une parfaite connaissance.

Signé le comte Alexandre Du GAS, Chevalier de l'ordre royal de la Légion-d'Honneur, chef de bataillon de la garde nationale.

Signé De FLEURIEU, officier supérieur de la garde nationale de Lyon, ancien officier des carabiniers.

3e Apostille.

Nous soussignés, certifions et attestons que le sieur Bocquillon a incendié pendant le siége de Lyon, au péril de sa vie, les chantiers, situés sur les bords du Rhône, entre les Brotaux et la Guillotière, où les assiégeants avaient établi des batteries de bombes et de canons; nous attestons aussi que le sieur Bocquillon tenta également au péril de sa vie, de faire sauter le pont à bâteaux, établi sur le Rhône par Dubois-Crancé, près le château de la Pâpe, en foi de quoi nous avons signé le présent, le 15 de mai 1816.

Signé COURBON DE MONTVIOL, président à la Cour Royale, ayant présidé l'assemblée départementale pendant le siége de Lyon, en 1793.

Signé BÉRAUD, conseiller à la Cour Royale, Procureur de la commune, pendant le siége de Lyon.

Signé MAISON-MONGES, Chevalier de l'ordre royal de la Légion-d'Honneur, administrateur pendant le siége.

Signé le Chevalier de l'ordre royal et mili-

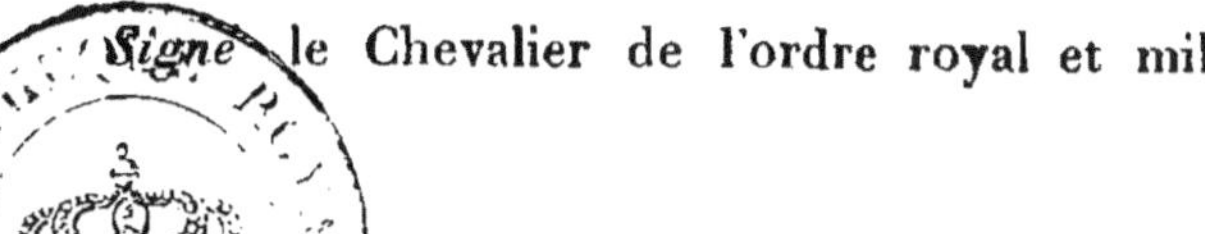

taire de Saint Louis, lieutenant-colonel de la première légion, chef de la garde nationale au 29 mai 1793, MADINIER.

Signé REVAL, notaire.

4e *Apostille.*

Le lieutenant-général des armées du roi, Grand'-Croix, de l'ordre Royal et militaire de Saint Louis, chef de l'armée Lyonnaise, en 1793, certifie que le sieur Bocquillon s'est distingué par la plus grande bravoure pendant le siége de Lyon, principalement à l'incendie des chantiers sur les bords du Rhône.

Signé le comte De PRÉCY.

5e *Apostille.*

Le Sous-Préfet de l'arrondissement de Beaune ne connaît M. Bocquillon que depuis son arrivée à Beaune, il ne peut lui être utile pour les époques ci-dessus relatées, mais les faits sont attestés par des autorités, dont le témoignage est au-dessus de tout ce qu'on peut supposer en faveur du pétitionnaire. Administrateur de l'arrondissement dans lequel M. Bocquillon a son domicile, je dois à la vérité de dire que ce particulier, dont les principes et le dévouement au roi sont bien connus, y jouit de l'estime et de la considération publique; il en est peu sans doute qui aient autant de droits que lui à la bienveillance du gouvernement.

Beaune, le 18 juin 1816.

Signé PERRIN-DU-LAC, avec le sceau de la Sous-Préfecture de Beaune.

N° 2. Certificat de M. De Nervo.

Nous, lieutenant de vaisseau du roi de France, et premier adjudant-général de l'armée Lyonnaise, sous les ordres de M. de Précy, certifions que M. Bocquillon a servi avec distinction, en qualité de capitaine-ingénieur à la défense de Lyon; ses talents ont été connus par les redoutes qu'il a construites dans le camp des Brotaux que nous commandions; son expédition pour incendier les chantiers de l'ennemi, atteste sa bravoure, et son opinion comme vrai royaliste n'a jamais été mise en doute depuis le commencement du siége, où nous le connaissons.

En foi de quoi nous lui avons, sur sa demande, délivré le présent certificat.

Fait à Lausanne, ce 10 janvier 1794.

Signé NERVO.

Signé AUDRAS, aide-de-camp.

Signé ROUX, lieutenant-colonel.

Signé BÉRAUD, ayant rempli les fonctions de procureur provisoire de la commune de Lyon pendant le siége.

N° 3. Copie d'un Certificat obtenu à l'armée de Monseigneur le Prince de Condé.

Nous soussignés, reconnaissons que le sieur Bocquillon est natif d'Auxonne, en Bourgogne, et qu'il appartient à une famille honnête, qui s'est toujours bien montrée pour la bonne cause.

En foi de quoi nous lui avons délivré le présent certificat.

Haguenau, le 16 décembre 1793.

Signé De PRÉBOIS, officier d'artillerie.

Signé le baron De DAMOISEAU.

Signé LA MARSEILLÈRE, garde du corps du roi, chasseur dans la quatrième compagnie nº 4.

Nº 4. Copie du Brevet de la Décoration du Lys accordée au sieur Bocquillon.

Nous, comte de Précy, lieutenant-général des armées du roi, commandant de l'ordre royal et militaire de Saint Louis, commandant en chef la garde nationale de Lyon;

Son Altesse Royale, Monsieur, frère du roi, nous ayant autorisé à accorder à ceux qui, sous notre commandement, ont concouru à la défense de la ville de Lyon pendant le siége mémorable, soutenu en 1793 pour la cause du roi, la faculté de porter la décoration du Lys avec le ruban blanc, liseret amaranthe; ensuite des témoignages qui nous ont été donnés, et d'après notre connaissance personnelle des services de M. Bocquillon, ingénieur, qui, étant à la susdite époque du siége de Lyon, capitaine-ingénieur, a donné les plus grandes preuves de courage en incendiant les chantiers ennemis, et a déployé beaucoup de talents dans la construction des redoutes du camp des Brotaux;

Nous lui conférons le droit de porter la décoration du Lys avec le ruban blanc, liseret amaranthe, de la même longueur et dans les mêmes dimensions que comporte celui accordé à la garde nationale de Paris.

Au quartier général à Lyon, le 8 septembre 1815.

Le lieutenant-général. *Signé* le comte De PRÉCY.

Apostille.

Vu par le Sous-Préfet de l'arrondissement de Beaune, qui ne peut que rendre à M. Bocquillon le témoignage le plus avantageux, ayant constamment fait preuve d'un entier dévouement au roi, et lui connaissant en outre tous les moyens nécessaires pour remplir un emploi qu'il plairait au gouvernement de lui confier.

Beaune, le 31 janvier 1816.

Signé PERRIN-DU-LAC, avec le sceau de la Sous-Préfecture de Beaune, département de la Côte-d'Or.

Vu par nous, Maire de la ville d'Auxonne (Côte-d'Or), les copies contenues dans la présente que nous avons collationnées sur les originaux qui ont été mis sous nos yeux, et lesquelles copies nous déclarons y être parfaitement conformes, ce que nous attestons.

A Auxonne, le 27 mars 1835.

Le Conseiller-Municipal faisant fonctions de Maire.

Signé TAVIAN, avec le sceau de la Mairie d'Auxonne.

Vu pour légalisation de la signature de M. Tavian, Conseiller-Municipal, faisant fonctions de Maire d'Auxonne.

Dijon, le 1er avril 1835.

Pour le Préfet de la Côte-d'Or, le Conseiller de Préfecture, Secrétaire général.

Signé TISSERANDOT, avec le sceau de la préfecture de Dijon.

COPIES

DES PIÈCES QUI JUSTIFIENT DE LA CONDUITE ET DES OPINIONS DU SIEUR BOCQUILLON, INGÉNIEUR, DEPUIS L'AVÈNEMENT DE SA MAJESTÉ LOUIS-PHILIPPE AU TRÔNE DE LA MONARCHIE FRANÇAISE. *Feuille* C.

—

COMMISSAIRES DE LA LISTE CIVILE.

N° 1. LETTRE ADRESSÉE DE PARIS, LE 16 OCTOBRE 1830, A M. BOCQUILLON, A BAUME-LES-DAMES (DOUBS).

Monsieur, nous avons reçu la demande que vous avez formée à l'effet d'obtenir la continuation de la pension qui vous a été accordée sur la liste civile.

C'est avec regret que nous vous annonçons que la liste civile ayant cessé d'exister, toutes les pensions qui en proviennent sont éteintes.

Nous n'avons pas le pouvoir de les renouveler, mais nous aurons soin de soumettre votre demande au gouvernement, et nous le ferons avec tout l'intérêt que nous portons à votre situation.

Nous avons l'honneur, Monsieur, de vous saluer avec une parfaite considération.

Pour les commissaires de la liste civile,

Signé DU VERGIER DE HAURANNE.

NOTA. Les nos 2, 3 et 4, seraient ici superflus.

N° 5. Ministère de la Guerre.

BUREAU DU GÉNIE, MATÉRIEL.

Paris.

(On lui accuse réception d'une lettre et d'un plan relatifs à la défense de Paris.)

N° 9105, A M. BOCQUILLON, INGÉNIEUR.

Monsieur, je m'empresse de vous accuser réception de la lettre et du plan que vous m'avez adressés le 20 octobre dernier, sur les moyens de défendre Paris; je me plais à vous assurer que cette question, comme toutes celles qui se rattachent à la protection de la capitale, sera examinée avec le soin qu'elle mérite, quoique d'ailleurs les mesures d'exécution que vous proposez m'aient parues à la première lecture peu praticables.

Le Président du Conseil, Ministre de la Guerre.

Signé Maréchal, Duc de DALMATIE.

Paris, 2 novembre 1833.

Vu par nous, Maire de la ville d'Auxonne (Côte-d'Or), les copies contenues dans la présente, etc.

Vu pour légalisation, etc., comme plus haut.

REMARQUE.

La lettre ci-dessus, sous le n° 5, fait mention d'un

projet assez ingénieux qui doit piquer la curiosité des lecteurs, en ce qu'il fournit les moyens les plus efficaces pour empêcher que les fortifications autour de Paris, ne servent de moyens soit au Ministre, soit au Roi, d'user de tyrannie à l'égard du peuple français. Si les moyens qu'il propose étaient adoptés, et son projet mis à exécution, la France entière aurait une garantie de ses droits et de ses privilèges, que ne pourrait ébranler aucune tentative contre sa liberté. C'est ce dont on pourra s'assurer en le livrant à l'impression.

OBSERVATIONS.

Le sieur Bocquillon fait observer qu'à l'égard du récit très-vrai qu'il a fait de son expédition pour l'incendie des chantiers des Brotaux, ce fait est rapporté par une très-belle épopée au tome 2me, page 105 et 106 de l'Histoire de France au XVIIIme siècle, par M. Charles Lacretel, l'un des 40 de l'Académie française, professeur d'histoire à la faculté des lettres de Paris, chevalier de la Légion-d'Honneur. Il s'exprime ainsi :

« Cependant les assiégés font connaître à leur tour le » fléau de l'incendie à leurs barbares ennemis. Par les » ordres de Précy, trois hommes intrépides, MM. BOS- » QUILLON, LAURENÇOT et DUJAT, osent en plein

» jour traverser le Rhône, et, sur des points divers, mettent le feu aux vastes chantiers des assiégeants; l'ennemi s'étonne de leur audace, et est déconcerté par ce prompt incendie ; on les poursuit, mais tous trois ont pu regagner le Rhône, ils s'y jettent encore une fois et ont le bonheur d'échapper à une grêle de balles, et le fleuve les rend à leurs concitoyens, ravis de leur courage, l'un d'eux, M. Dujat, avait à peine vingt ans. » Mon nom est *Bocquillon.*

Cet élégant épisode est bien propre à donner du relief à l'énergie courageuse des Lyonnais, mais il exagère en faisant voir un effet impossible, puisque l'artillerie des assiégeants, qui n'était pas au quart de la distance de la portée de leurs plus petites pièces, aurait foudroyé par la mitraille tout ce qui se serait présenté pour tenter une telle action. D'ailleurs les Lyonnais eux-mêmes ont démenti ce récit dans leur relation dudit siège, où un plus grand nombre de ceux qui ont passé à la nage se sont attribué à eux seuls l'honneur de l'action qu'ils n'ont fait que seconder par leurs efforts et en quoi ils sont très louables, mais qui n'appartient qu'à celui qui en donne ici un récit circonstancié, appuyé du témoignage d'un nombre suffisant de témoins oculaires qui n'ont eu aucun intérêt à en imposer, et qui d'ailleurs, par leur rang et leurs qualités, sont à l'abri de tous soupçons.

A la page 184 de la Biographie universelle, ancienne et moderne, article 2. Nous lisons :

» Assas (Nicolas D'), capitaine au service de France, » dans le régiment d'Auvergne, naquit au Vigan, et pé» rit victime d'un devouement patriotique, digne des » Romains, dans la nuit du 15 au 16 octobre 1760, près » Gueldre, où il commandait une grand'-garde.

» Étant allé à la pointe du jour reconnaître les postes, » il tomba sur une colonne ennemie qui s'avançait en » silence pour surprendre l'armée française ; aussitôt » des grenadiers l'entourent et menacent de l'égorger » s'il dit un seul mot; il y allait du sort de l'armée fran» çaise qui n'était pas préparée à cette attaque ; D'Assas » se recueille un instant pour enfler sa voix, et il crie : » A moi, Auvergne ! voilà les ennemis ! Aussitôt il » tombe percé de coups. »

» Ce trait historique long-temps oublié, a été rapporté » par Voltaire avec tous les éloges qu'il mérite; c'est la » voix de cet auteur qui en a provoqué la tardive récom» pense.

» D'Assas était célibataire, on créa pour sa famille » une pension de 1,000 francs, réversible à perpétuité » aux aînés de son nom; cette pension a été rétablie de» puis peu de temps sur la demande de M. Guibert de » St.-Paul, Sous-Préfet du Vigan.

Le trait de bravoure de notre compatriote, médité par lui et exécuté avec tant de promptitude et de courage, ne devrait-il pas attendre d'un gouvernement aussi sage et aussi puissant que le nôtre, une récompense qui eut quelque proportion avec le dévouement qu'il a fait paraître dans une action dont on ne peut lui contester le mérite.

Que peut-on lui reprocher? Son attachement à la monarchie; mais il n'a jamais été en contradiction avec l'autorité régnante et dans le temps même le plus orageux de la République, il a mieux aimé se retirer chez l'étranger neutre, que de risquer, par sa jonction avec les partisans d'une royauté aristocratique, de tremper ses mains dans le sang de ses frères : déjà il prévoyait l'avénement d'une monarchie plébéienne, la seule convenable au peuple français.

BIBLIOTHEQUE ROYALE
I

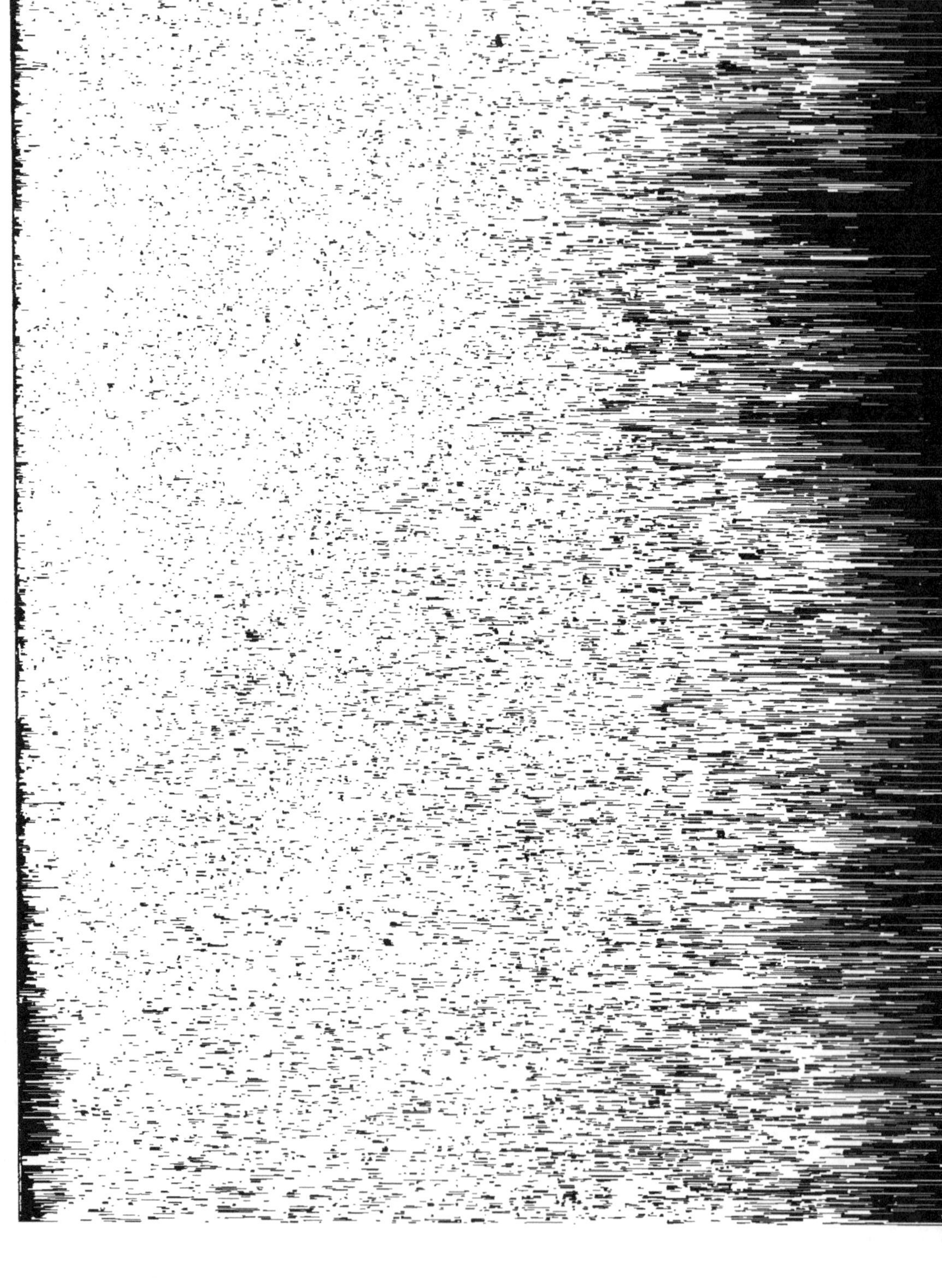

www.ingramcontent.com/pod-product-compliance
Lightning Source LLC
LaVergne TN
LVHW020258230826
846091LV00006B/2468
9782013256025